AF338394

Ce que demande le Pays

RÉFLEXIONS

SUR LA POLITIQUE

par

Édouard SCHWOB

MANUFACTURIER

MAIRE D'HÉRICOURT, MEMBRE DE LA CHAMBRE DE COMMERCE DE GRAY

CONSEILLER GÉNÉRAL

CHEVALIER DE LA LÉGION D'HONNEUR

GRAY

BOUFFAUT FRÈRES, IMPRIMEURS-ÉDITEURS

1890

L 57/6
10362.

RÉFLEXIONS

SUR LA POLITIQUE

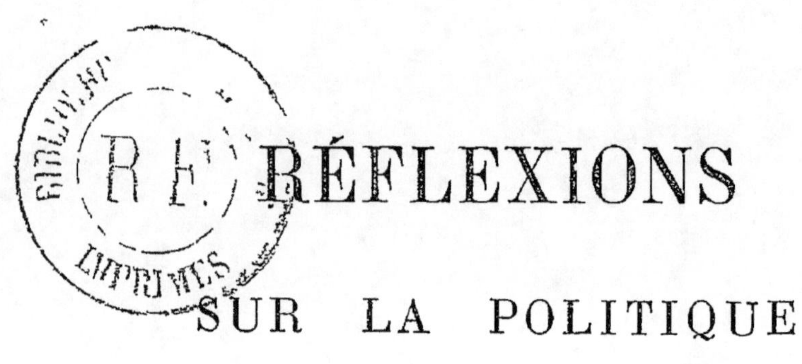

L b 57
10829

Ce que demande le Pays

RÉFLEXIONS

SUR LA POLITIQUE

par

ÉDOUARD SCHWOB

MANUFACTURIER

MAIRE D'HÉRICOURT, MEMBRE DE LA CHAMBRE DE COMMERCE DE GRAY

CONSEILLER GÉNÉRAL

CHEVALIER DE LA LÉGION D'HONNEUR

GRAY

BOUFFAUT FRÈRES, IMPRIMEURS-ÉDITEURS

—

1890

Mes chers Concitoyens,

Vous allez être appelés à élire vos représentants au Sénat. Ils auront pour mission de défendre vos principes, d'étudier d'une manière approfondie et de faire aboutir les nombreuses lois d'affaires, les réformes d'ordre économique et social réclamées par le pays.

Encouragé par de nombreux témoignages de sympathie, je me décide à solliciter l'honneur de vos suffrages.

Un passé fait de travail, une expérience acquise par la pratique des grandes affaires, un ardent amour de mon pays, le désir sincère de lui être utile et de contribuer efficacement aux progrès de la démocratie et à l'épanouissement de ses richesses, tels sont les titres que j'ai à faire valoir.

Édouard SCHWOB.

La Question Politique

La France a donné, depuis vingt ans, des marques nombreuses et constantes de son attachement invincible aux idées démocratiques et au régime républicain. Aucun souverain, en ce siècle, n'a réussi chez nous à prolonger son pouvoir aussi longtemps que la République actuelle.

La Restauration, la Monarchie de Juillet furent balayées par la poussée du libéralisme et des revendications populaires ; deux fois, l'Empire a croulé sous les hontes de l'invasion. Mais si la France s'est détournée pour toujours des dynasties anciennes, un petit nombre de fidèles, cependant, demeurent attachés, par habitude ou par instinct, aux partis déchus.

Il y a donc, dans notre pays, une opposition irréconciliable, décidée à trouver toujours fort mal fait tout ce que la République entreprend. Et chaque fois que le suffrage universel est convoqué, nous retrouvons en face de nous et contre nous les préjugés et les entêtements d'autrefois.

Certes, l'armée des adversaires de la République diminue de jour en jour. Le nombre des suffrages obtenus par les candidats républicains aux dernières élections, atteste les progrès accomplis quand on compare ces résultats à ceux des premières années qui suivirent l'installation de la République; pourtant il subsistera toujours un noyau d'irréductibles dont l'intérêt est de tromper le pays pour assurer le triomphe de leur cause.

Il faut se garder sans cesse des embûches que ces gens-là peuvent nous tendre : la sagesse commande de ne pas s'exagérer les périls dont on est menacé, mais la prudence ordonne de se tenir toujours prêts à repousser les attaques de la violence et de la ruse.

La nécessité impérieuse de défendre et de fortifier la République est l'enseignement le plus clair des élections de 1889.

Rappelez-vous ce qui s'est produit alors :

Le parti républicain avait pu croire, après la défaite du 16 Mai, que personne n'était plus assez fou en France, à part quelques coteries insignifiantes par leur nombre restreint et leur influence médiocre, pour songer à ramener en arrière un pays qui a payé si chèrement les conquêtes du progrès.

Les quatre années qui avaient suivi la réélection des 363 furent donc consacrées par les républicains vainqueurs à des réformes que le pays avait joyeusement accueillies.

Des lois politiques avaient abrogé les dispositions anti-libérales qui comprimaient encore l'exercice du droit de penser, de parler, d'écrire.

Des lois de réformes pratiques avaient témoigné de la sollicitude du gouvernement républicain pour les intérêts matériels de toutes les classes de la population.

Des dégrèvements, des diminutions d'impôts, l'extension admirable des travaux publics, les encouragements multipliés au commerce, à l'industrie, à l'agriculture, attestaient la vitalité profonde d'un pays que les malheurs de l'invasion n'avaient pas abattu et montraient que les républicains savaient être à la hauteur de leur tâche.

Cette tâche, ce n'était rien moins que le relèvement de la patrie. Elle s'accomplissait sûrement.

Notre vaillante et malheureuse armée reprenait conscience de sa force ; avec les lois en préparation sur l'instruction populaire, nous allions compléter notre outillage intellectuel et moral : nous serions désormais un peuple de citoyens libres, instruits et prêts pour les luttes fécondes de la paix comme pour la défense de notre intégrité nationale.

Aussi, quand vinrent les élections de 1881 pour la Chambre des députés, l'opposition réactionnaire fut réduite à une minorité infime, par le scrutin du 21 août. Nos ennemis, vaincus une fois de plus, ne désarmèrent pas cependant. Ils se préparèrent dans l'ombre, et profitant de notre confiance et de nos divisions, ils réussirent en 1885 à reconquérir quelques-unes des positions perdues.

L'avertissement ne fut qu'à moitié salutaire.

Au lieu de discuter fraternellement et sans aigreur les problèmes soumis à leurs délibérations, les groupes républicains du Parlement avaient pris l'habitude fâcheuse de s'exagérer l'expression de leurs dissentiments. Les radicaux accusaient les modérés de manquer de confiance dans l'esprit progressiste du suffrage universel ; les modérés reprochaient aux radicaux de remettre en question, par une hâte fébrile de réformes, tous les résultats laborieusement acquis.

On en venait, dans l'ardeur des discussions, à s'excommunier de part et d'autre, pour la plus grande joie de nos adversaires.

Ceux-ci, voyant poindre à l'horizon des circonstances favorables et inespérées, ralliaient leurs troupes afin de profiter de la première occasion propice qui viendrait s'offrir.

L'occasion attendue par les ennemis de la République se présenta : ce fut le boulangisme, et la République fut dans le plus grave péril qu'elle eut couru jusqu'alors.

Est-il besoin de refaire en détail cette histoire d'hier? Qui ne se souvient des incidents de tout genre qui favorisèrent l'essor de la popularité du général Boulanger?

Il y eut un peu de tout dans ce mouvement extraordinaire et redoutable : au commencement l'ancien ministre de la guerre bénéficia de la crédulité confiante des chauvins qui voulaient voir en lui, on ne sait trop pourquoi, le défenseur désigné de nos frontières, le futur commandant en chef de la revanche.

Puis, à ces patriotes aveugles et inconscients, venait se joindre la foule des mécontents qui reprochaient à la République des mécomptes personnels ou qui, devant certaines lenteurs du système parlementaire, désespéraient de voir aboutir toutes les améliorations de leurs rêves et — pour fuir des inconvénients de pure forme — n'hésitaient pas à risquer dans une aventure la République avec ses institutions de liberté.

Puis encore accouraient les faméliques, les déclassés de la politique, les ambitieux sans scrupules, tous ceux qui aiment à troubler l'eau afin de pêcher sûrement quelque grasse aubaine, tous ceux qui manient les intérêts supérieurs et vitaux d'un grand peuple comme une entreprise industrielle ou commerciale.

Enfin, quand les cadres boulangistes furent ainsi

constitués avec le rebut des partis et des classes, quand cette machine de guerre parut décidément solide et dressée contre les murs de l'édifice républicain, les royalistes et les bonapartistes apparurent.

Les bonapartistes apportaient leur expérience et leur culte cynique des coups de force où l'on invoque la volonté populaire pour baillonner et détruire les organes essentiels de cette volonté. Les royalistes apportaient l'or. Eux surtout furent les bienvenus.

Grâce à ces divers concours et à ces écus, M. Boulanger, ses lieutenants et ses valets ont promené plus de deux ans à travers la France leur insolente audace. Mais cela n'a pas duré : une juste sentence a frappé ce général indigne que les généraux de notre armée avaient, du reste, exclu et rejeté avant la condamnation de la Haute Cour.

Le parti républicain, qui s'était reformé et concentré sous le feu de l'ennemi, s'est alors présenté devant le pays aux élections de 1889, avec la conscience d'un grand devoir patriotique accompli.

Le pays, que d'infâmes calomnies n'avaient pu tromper, a donné à la République une marque éclatante de sa fidélité clairvoyante. Il a demandé aux représentants qu'il nommait de garder, après la victoire, l'union qui régnait parmi eux pendant le combat; il leur a demandé d'oublier d'anciennes querelles et de porter leurs efforts vers les réformes pratiques.

Est-ce à dire que tout soit parfait dans notre organisation politique, administrative et sociale ? Non, certes. Et ceux qui croient avoir lu une pareille affirmation dans la consultation solennelle rendu par le pays ne réfléchissent pas à l'absurdité de leur dire.

Non, il n'est permis à personne de déclarer que l'ère des progrès politiques est close à jamais. Il serait mauvais de croire qu'on a réalisé un idéal de perfection qu'on ne saurait dépasser.

« Toujours en avant et toujours mieux, » tel est le mot d'ordre de la démocratie. Ceux qui aspirent à servir leur pays ne doivent pas oublier cette devise, s'ils veulent que le pays se lasse jamais d'un régime dont le mérite essentiel est d'encourager les libres initiatives.

Il faut donc ne pas perdre de vue que, pour durer, tout doit en ce monde être fortifié, amélioré, et sans rien bouleverser on peut faire ce qu'exige la loi de progrès.

Pour citer des exemples, serait-ce du temps perdu des agitations stériles, que les heures consacrées à en simplification de nos services administratifs ? Le pays accueillerail avec joie toute amélioration en ce sens.

De même, la diminution des frais de justice s'impose avec une égale urgence. S'il est une réforme démocratique entre toutes, c'est bien celle-là.

La déclaration des droits de l'homme, en proclamant que la justice était égale entre tous les citozens, a entendu aussi, il nous semble, que la justice serait également accessible à tous.

Or, dans l'état actuel, il arrive souvent qu'une action judiciaire coûte de vrais sacrifices d'argent à celui qui l'intente. Tout l'intérêt qu'on peut avoir à faire régler un différend par les tribunaux se trouve réduit à presque rien par les frais exorbitants anxquels on s'expose. Ce n'est assurément ni démocratique, ni juste, et il faut réformer là encore.

Donc, sans compromettre la stabilité de nos institutions, sans renouveler entre républicains les anciennes querelles, il n'est pas impossible de réaliser des améliorations sérieuses qui ne laissent pas s'établir une tradition d'immobilité.

Le pays sera satisfait et la République ne verra plus s'écarter d'elle, pour favoriser des menées plébiscitaires, les esprits trop amoureux de justice et de vérité qui ne savent pas retarder indéfiniment leurs espérauces.

La Question Financière

Il faut à la République des finances républicaines, c'est-à-dire un budget qui permette le développement de tous les services nécessaires à la vie d'un grand peuple.

Pour cela, il faut tout d'abord proscrire les dépenses inutiles. Ce principe une fois posé, rien n'est plus facile que de défendre l'œuvre financière de la République contre les attaques passionnées de nos adversaires politiques.

L'héritage financier de l'Empire était écrasant, et quand la République est née, son berceau reposait sur les ruines qui témoignaient aux yeux de tous l'incapacité et la folie du gouvernement impérial.

Il a fallu tout refaire ; il a fallu payer les dépenses de la guerre de 1870 ; il a fallu entretenir désormais notre armée dans un état de préparation constant qui écartât tout danger de surprise.

La République a fait tout cela.

Mais ce n'était pas assez de guérir les blessures du passé ; il fallait semer pour l'avenir. Du reste, on n'est pas fort si on n'est pas riche : et les défaites, sur le terrain industriel et commercial, peuvent comme une bataille perdue, amener des désastres redoutables.

Ainsi s'imposaient les grands travaux publics, militaires et scolaires que la France a accomplis.

Il y avait, en 1876, un peu plus de 20,000 kilomètres de chemins de fer ; en quatorze ans on a atteint le chiffre de 36,000 environ. On a augmenté de 2,000 kilomètres nos voies navigables. On a consacré 350 millions à outiller nos ports maritimes menacés par la concurrence étrangère. On a dépensé

180 millions pour les chemins vicinaux et les routes et 600 millions pour les constructions scolaires.

En tout, cette œuvre de relèvement et de défense nationale a coûté six milliards, et la dette, grâce à la gestion financiére du gouvernement républicain, n'a été augmentée que de quatre milliards.

Déjà, les effets de tous ces sacrifices se sont fait sentir. L'industrie s'est développée ; l'agriculture, si cruellement frappée, a repris courage ; le trafic des chemins de fer, des canaux et des rivières s'est accru ; le crédit de l'Etat s'est affermi.

Les recettes publiques, bénéficiant de la recrudescence du bien-être général, sont entrées dans la voie des plus-values budgétaires.

La République a donc supporté la crise financière de 1882 et la crise agricole ; elle en a triomphé ; et, malgré les difficultés de toutes sortes, elle n'a cessé de pratiquer la vraie politique démocratique, la politique des dégrèvements.

On est trop disposé à oublier ce que la République a fait à cet égard. Il vaut la peine de le répéter. Rappelons donc les dégrèvements sur les vins, les dégrèvements sur les sucres, les dégrèvements sur les huiles, sur les savons, sur la petite vitesse, sur le port des lettres, sur le timbre des effets de commerce, etc...

La République avait supprimé ainsi 350 millions d'impôts, et cela au lendemain des calamités de 1870. Jamais gouvernement monarchique n'a fait pareille remise au pays, même en pleine prospérité.

Tout le monde sait que cette année encore, le vote du budget a été précédé d'une loi sur la contribution foncière, qui a abouti à un dégrèvement de 15 millions sur la propriété non bâtie.

Sans exagérations dangereuses, nous pourrons encore, par des économies, trouver dans nos lois fiscales des réductions d'impôts justes et nécessaires, comme le dégrèvement des droits de mutation par décès, si lourds et si onéreux, si mal conçus dans notre système actuel, le dégrèvement des taxes exorbitantes qui frappent, en cas de vente, la propriété foncière et spécialement la petite propriété rurale.

Les finances de l'Etat doivent être administrées avec le même ordre, avec le même soin que nous apportons nous-mêmes dans la gestion de nos propres affaires.

Là est la vérité.

La Question Économique & Agricole

L'expiration prochaine de nos traités de commerce a mis au premier plan la question économique et douanière. Le pays s'est prononcé catégoriquement sur ce sujet et a indiqué dans quel sens il entendait que le problème économique fut résolu. Déjà, du reste, les assemblées républicaines qui ont précédé la Chambre de 1889 avaient compris la nécessité de défendre notre production agricole.

Par les lois sur les céréales et par les lois sur les sucres, on a rendu un peu de vitalité à notre agriculture et les faits ont donné un démenti aux libres échangistes qui nous prédisaient, par exemple, qu'une excessive cherté du pain résulterait du vote des droits sur les blés.

Les résultats obtenus ont donné un commencement de satisfaction au pays. Il s'agit maintenant de compléter l'œuvre commencée.

L'Allemagne nous a donné l'exemple, quand en 1879 elle a modifié son système économique et frappé toutes les marchandises étrangères d'une taxe très élevée. Nous avons ressenti presque aussitôt les effets de cette politique nouvelle.

Tandis que la vente de nos produits en Allemagne se réduisait sensiblement, les marchandises allemandes continuaient d'affluer sur nos marchés et de faire ainsi à nos produits une concurrence à laquelle il nous était interdit de riposter.

Une telle situation pouvait-elle durer ? Certaines personnes l'ont soutenu, au nom de ce qu'elles appelaient « les principes économiques. »

Quels sont ces « principes » qui nous ordonnent de nous laisser ruiner par des rivaux étrangers ?

Qui peut sérieusement soutenir qu'en matière de traités ou de tarifs le seul intérêt dont on doive tenir compte n'est pas l'intérêt national ?

Le pays est resté sourd à toutes ces pompeuses théories ; il a conscience de ses véritables besoins, et ceux à qui il a confié le pouvoir doivent s'inspirer des intentions qu'il a clairement manifestées.

Le moment est venu pour nous de prendre, à notre tour, des mesures défensives afin de ne pas livrer, dans des conditious inégales, le combat pour la richesse.

Liés par des traités de commerce, nous avons dû, jusqu'ici, supporter en patience l'assaut du protectionnisme allemand et américain. L'article 11 du traité de Francfort nous interdisait de rendre à l'Allemagne les procédés dont elle avait usé envers nous, puisque nous sommes engagés à la faire bénéficier des mêmes faveurs que nous accordons à d'autres nations.

Le jour où les traités de commerce arriveront à échéance, la clause qui nous lie avec l'Allemagne n'aura plus d'objet et nous serons, elle et nous, dans une situation tout à fait pareille, à condition que nos traités ne soient pas renouvelés.

Ils ne le seront certainement pas.

Presque personne d'ailleurs ne songe plus à soutenir l'ancienne politique économique. Il faudrait une obstination singulière pour résister plus longtemps, sinon à l'évidence des faits, du moins aux vœux réitérés du pays.

Depuis longtemps déjà, de nombreuses voix se sont élevées au Parlement, dans la presse et dans le pays, pour attirer l'attention du gouvernement sur la situation désastreuse qui était créée à notre commerce et à notre industrie par la politique douanière de l'Allemagne.

« Dénonçons à notre tour nos traités de commerce, disait-on ; faisons table rase du passé qui nous enchaîne et qui nous ruinerait à la longue. Elaborons un tarif à l'abri duquel l'agriculture et l'industrie trouvent une protection suffisante et soyons avares de nos faveurs. Puisque nous ne profitons plus en rien du fameux article XI du traité de Francfort, assurons-nous que l'on n'en profite plus à nos dépens. »

Tel a été le programme économique qui a triomphé l'année dernière aux élections de la Chambre des députés et dont les deux Chambres devront, d'accord avec le gouvernement, poursuivre la réalisation.

Il y a peu de jours, le gouvernement a déposé un projet de tarif qui servira de base aux discussions du Parlement. Ce tarif est double : il se compose d'un *tarif maximum* qui renferme des taxes assez élevées et d'un *tarif minimum* qui établit certains adoucissements dont on accorderait le bénéfice aux Etats qui nous paieraient cette faveur par des avantages réciproques.

Ainsi se présente le projet du gouvernement.

Il n'est pas besoin de dire que la question est assez grave pour qu'on ne se prononce pas à la légère sur un tel sujet; il appartiendra aux députés et aux sénateurs, surtout s'ils peuvent apporter dans cette étude de détail une compétence professionnelle et une expérience acquise dans la pratique des affaires, de prendre la défense des droits et des intérêts vitaux du pays.

Il faudra examiner aussi quel usage on pourra faire de ce tarif réduit, de ce tarif minimum, qui serait inacceptable, s'il devait être une forme déguisée des traités de commerce.

Ce ne serait certes pas la peine d'avoir si chèrement expérimenté les inconvénients des traités si l'on devait nous les rendre sous un autre nom. Une grande vigilance sur ce point ne sera pas superflue.

Le ministre du commerce a formellement promis, en effet, qu'en aucun cas les faveurs du *tarif minimum* ne seraient concédées sans que les Chambres aient été consultés. Ce sera aux représentants élus par le pays de bien remplir leur mandat et de ne pas se laisser égarer, dans l'examen de ces questions précises, par des considérations d'un sentimentalisme déplacé.

C'est aux électeurs de bien choisir les mandataires à qui ils voudront confier la défense de leurs intérêts et de la richesse du pays.

Les Questions Ouvrières

La France qui fut toujours à l'avant-garde de la civilisation et du progrès politique, sait aussi entendre les voix qui lui parlent au nom de la solidarité humaine lorsqu'elles tiennent le langage de la sagesse, du bon sens et de la raison pratique, lorsqu'elles repoussent les chimères des fous et des fourbes.

Il en sera du progrès social comme du progrès politique : on n'arrivera à rien si les libres initiatives ne donnent le signal et surtout, si en écoutant les détails de la haine envieuse, on empêche l'union féconde du capital et du travail.

La République a déjà beaucoup fait pour la démocratie puisqu'elle a abaissé toutes les barrières et qu'elle a soumis tous les citoyens aux mêmes charges militaires et civiles. Elle a donné au peuple le puissant levier qui se nomme l'instruction ; elle l'a donnée gratuitement pour que tout le monde pût s'en servir.

Oui, 600 millions ont été consacrés à des constructions de maisons d'école. Et, quoi qu'en disent nos adversaires, ce sera l'honneur de ce pays. Quand ils prétendent que 600 millions pour l'instruclion du peuple c'est beaucoup trop cher, répondez que la monarchie de Louis XIV avait gaspillé une somme équivalente pour construire le château de Versailles qui ne servait qu'au luxe du souverain.

Aujourd'hui, deux siècles après Louis XIV, demandez donc ce qu'a gagné le bonheur général à l'emploi fastueux qu'un roi faisait des deniers du peuple ? Dans deux cents ans, nos petits neveux ne pourront pas nous demander de pareils comptes.

Déjà chez les nations qui nous avaient devancé dans la diffusion de l'instruction populaire, comme les Etats-Unis d'Amérique par exemple, on a pu voir et apprécier les premiers effets de l'émancipation intellectuelle de la démocratie.

Parmi les hommes qui ont fait la grandeur des Etats-Unis et réalisé des réformes de premier ordre, il en est qui avaient la plus humble origine et à qui l'instruction a permis) de s'élever aux plus hauts emplois.

Lincoln était un fils d'artisan, il est devenu président de la République des Etats-Unis et il laisse une mémoire universellement admirée.

Tout le monde ne devient pas sans doute président de République; mais, grâce à l'instruction, tout le monde peut améliorer son sort et arranger sa vie, seulement il faut que l'instruction qu'on reçoit soit)aidée par un peu d'énergie individuelle.

« Aide-toi, le ciel t'aidera » disait la sagesse ancienne; « aide-toi d'abord, la société t'aidera » dit la sagesse moderne, plus positive et plus terrestre que l'autre.

La République connaît ses devoirs envers les classes dont le sort réclame sa sollicitude particulière. Elle a déjà commencé sa tâche en fondant à côté de l'enseignement de l'école, l'enseignement technique, professionnel et agricole. Il faudra que cette œuvre reçoive un complet développement.

Il existe une caisse nationale de retraite pour la vieillesse qui a déjà rendu des services signalés; une loi votée il y a quatre ans l'a mise un peu plus qu'auparavant à la portée des travailleurs et de leurs familles : il faut fortifier cette œuvre et la faire connaître partout afin que tous participent aux avantages qu'elle assure aux ouvriers laborieux.

D'ailleurs, le gouvernement a annoncé le dépôt de projets de loi qui donneront satisfaction sur ce point à tous les désirs raisonnables.

Il y aura enfin beaucoup à faire pour améliorer l'assistance publique dans les campagnes, pour assurer un secours efficace et rapide à tous ceux qui souffrent. On ne devra pas oublier surtout qu'il vaut mieux prévenir le mal que d'être obligé de le guérir : c'est donc sur les institutions de prévoyance que devront se porter les plus grands efforts de l'initiative privée et de l'initiative publique.

Abordés dans un esprit de méthode, de sagesse et de réflexion, les problèmes du travail et de la misère, quelque difficiles qu'ils paraissent, pourront être résolus au mieux de tous les intérêts et pour le plus grand honneur de la patrie.

TABLE

GRAY, — TYP ET LITH BOUFFAUT FRÈRES.

www.ingramcontent.com/pod-product-compliance
Lightning Source LLC
Chambersburg PA
CBHW061705050726
47598CB00004B/1689